Heinrich Benecke

Der Heilige Rock zu Trier im Jahre 1891

Heinrich Benecke

Der Heilige Rock zu Trier im Jahre 1891

ISBN/EAN: 9783743358683

Hergestellt in Europa, USA, Kanada, Australien, Japan

Cover: Foto ©ninafisch / pixelio.de

Manufactured and distributed by brebook publishing software (www.brebook.com)

Heinrich Benecke

Der Heilige Rock zu Trier im Jahre 1891

Der
Heilige Rock zu Trier
im Jahre 1891.

Von

Dr. Heinrich Benecke.

Berlin 1891.
Verlag des Bibliographischen Bureaus
Alexander Straße 2.

Der August dieses Jahres bringt uns ein Schauspiel, dessen Wiederholung gerade von Denjenigen unter uns für unmöglich erachtet wurde, die noch der letzten Ausstellung des Heiligen Rocks zu Trier im Jahre 1844 sich erinnern. Wie ein Aufschrei des beleidigten religiösen Empfindens klang der Lärm jener Tage; wie ein Hohn auf Vernunft und Wissen wurde das Vorhaben des Bischofs Arnoldi gedeutet, das ungenähte Gewand des Herrn zur Verehrung desselben öffentlich auszustellen, und der Unwille von Tausenden steigerte sich zu sittlichem Zorn wie zu ausgelassenem Spott, als die priesterliche Versicherung laut wurde, an der wunderwirkenden Kraft des heiligen Rockes könnten Zweifel nicht aufkommen.

So hoch schlugen die Wellen, daß es zeitweilig schien, als würde die Einheit der katholischen Kirche an den Klippen des Unmuths zerschellen, und wirklich vollzog sich ein Bruch mit Rom, der die Vorstellung aufkommen ließ, die Schaustellung von 1844 würde zweifellos die letzte gewesen sein. Der erhoffte politische Gewinn des Papstthums war ein Verlust von unabsehbarer Tragweite geworden, und durfte angenommen werden, das sehr gewagte Experiment Arnoldi's könnte jemals wiederholt werden?

Es wird wiederholt, und zwar von demselben Bischof Dr. Korum, der, als er sein Trierer Amt antrat, von sich sagen ließ, er würde ein „Bischof des Friedens" werden.

Schon im Jahre 1887 war er bei der General= versammlung der Katholiken Deutschlands von einem Kirchenfürsten angegegangen worden, den Rock ausstellen zu lassen, und Dr. Korum erwiderte: „Als Bischof der Stadt Trier, die das große Glück hat, das Heilige Kleid des Herrn zu besitzen, kann ich ja nur gerührt sein, wenn ich sehe, daß die Katholiken Deutschlands den Augenblick ersehnen, wo ihnen diese kostbare Reliquie gezeigt wird. Aber, meine Herren, lassen Sie mich es gestehen: die Zukunft ist nicht in der Hand eines Menschen; bislang hat Gott selbst den Augenblick bestimmt: es waren stets Weltereignisse, welche die Ausstellung des Heiligen Rockes anregten. Ob dieses Weltereigniß schon da ist — ich weiß es nicht. Ich kann Ihnen nur ver= sprechen: wenn der liebe Gott den Augenblick herbeiführt und uns das Leben läßt, dann soll das Heilige Kleinod ausgestellt werden, und da soll das ganze katholische Deutschland sehen, wie die Stadt Trier ihre Reliquie ehrt. Dann wird sie Allen zurufen: Kommet und betet Den=

jenigen an, der das Kleid an seinem heiligen Leibe getragen, der es mit seinem Blute benetzt, der uns dasselbe hinterlassen hat als Symbol der Einheit seiner Kirche und seiner unzerstörbaren Liebe."
Wir dürfen nun gewärtig sein, daß 1891 Alles sich wiederholt, was bei der Schaustellung von 1844 geschah. In einem „Gesang unter dem Anschauen des Heiligen Rockes" hieß es:

Ist das Dein Rock, Herr Jesu Christ,
Der ohne Naht bereitet ist?
Komm, komm, o ganze Christenheit,
Und sieh das wunderschöne Kleid.
Alleluja! Alleluja!

Wer sagt die Farbe wohl genau?
Er ist braunroth und grau und blau,
Auf wunderliche Weis' vermengt,
Und ist mit Tropfen Blut besprengt,
Alleluja! Alleluja!

Ist das der Rock, der Jesu Christ
Einst von Maria bereitet ist?
Worin er alle Röthen litt,
Als er für uns am Kreuze stritt?
Alleluja! Alleluja!

Ist dies das Kleid, d'rin Jesus Christ
Drei Tag im Tempel blieben ist?
Indeß ihn sucht' mit bangem Schmerz
Der Eltern liebevolles Herz?
Alleluja! Alleluja!

Ist das der Rock, Herr Jesus Christ,
Worin Du einst gereiset bist

So unermüdet hin und her,
Bald über Land, bald über Meer?
 Alleluja! Alleluja!

Ist das der Rock, Herr Jesus Christ,
Der von dem Weib berühret ist,
Das auf der Stelle wunderbar
An Leib und Seel' geheilet war?
 Alleluja! Alleluja!

Der Rock, der, als Du es begehrt,
Einst auf dem Berge ward verklärt,
Der weiß war, wie des Schnees Glanz,
Und strahlend, wie der Sonne Kranz?
 Alleluja! Alleluja!

Ist das der Rock, Herr Jesus Christ,
Der einst verloofet worden ist,
Der damals nicht zerschnitten ward
Und nun zu Trier wird aufbewahrt?
 Alleluja! Alleluja!

Ist dies das Heilige Gewand,
Das Helena einst wiederfand,
Und das sie Trier, der biedern Stadt,
In Huld und Gnad' geschenket hat?
 Alleluja! Alleluja!

Das Kleid ist, glaub', die wahre Arch',
Die einst den Herrn und Heiland barg.
Es ist der Thron, wo er gethront,
Es ist das Haus, wo er gewohnt.
 Alleluja! Alleluja!

Es ist das vielgepriesene Kleid,
Das Ihn bekleidet alle Zeit.
Es ward erhalten wunderbar
Bis heute, fast zweitausend Jahr.
 Alleluja! Alleluja!

Weiter hieß es in einem andern Liede:

Gott, Deine Liebe, Deine Gaben,
Die wir so reich empfangen haben,
Sind Wunder Deiner Gütigkeit.
Du zeigest uns in unsern Tagen
Den Rock, den Jesus hat getragen,
Dahier in seiner Sterblichkeit.

Christen! Trierer! macht euch würdig
Dieses hohen Vorzugs Gnad',
Jesus Rock hier zu besitzen;
Wandelt auf dem Tugendpfad!

Deiner Lieb', o Gott! und Macht
Sei hohes Lob gebracht.
Ebenso empfinden wir,
Heil'ges Kleinod! Lieb' zu Dir.

Du umgabest jenen Mann,
Den die Welt nicht fassen kann,
Der da ist und ewig war,
Unumschränkt, höchst wunderbar.

Deine weiße Reinigkeit
War ein Bild der Heiligkeit,
Die der Heiland uns erwarb,
Als er an dem Kreuze starb.

Doch auch schreckbar kommst Du mir,
Heil'ges Kleid am Oelberg für;
Wo Dich Jesu Blut begoß,
Welches häufig auf Dich floß.

So geheiligt wegen mir,
Beug' ich meine Knie' vor Dir,
Bete den in Demuth an,
Der in Dir mir wohlgethan.

Aus der „Litanei vom Heiligen Rock" geben wir folgende Sätze:

Durch die Wunderkraft Deines Heiligen Rockes, in dessen Berührung Du Kranke und Preßhafte gesund gemacht hast,

Durch Deine göttliche Verklärung auf dem Berge Thabor, wo Deine Kleider weiß wie Schnee sich gezeigt haben,

Durch Deinen blutigen Schweiß am Oelberg, welcher Deinen Heiligen Rock durchdrungen und befeuchtet hat,

Durch Dein heiliges Blut, das wir in Deinem Heiligen Rocke verehren,

Erlöse uns, o Jesu!

Wir armen Sünder, wir bitten Dich,

Daß Du allen, die Deinen Heiligen Rock anschauen und verehren, den ewigen Frieden bescheeren wollest,

Daß Du uns und unser Vaterland in Ansehung dieses Deines Heiligen Rockes vor allem Uebel bewahren wollest,

Daß Du alle Häuser, in welchen das Bildniß Deines Heiligen Rockes aufbewahrt wird, vor sichtbaren und unsichtbaren Feinden beschützen wollest, u. s. w.

Wie Trier 1844 vom 18. August bis zum 6. October im Ganzen 1 100 000 Pilger an der Reliquie vorbeiziehen sah, so wird 1891 die Zahl der Verehrenden nicht geringer, vermuthlich um ein Beträchtliches größer werden. Und selbstredend werden mit der Zunahme der Pilger auch die Wunderwirkungen des Heiligen Rockes sich steigern. „Es darf nicht überraschen," läßt Dr. Korum seinen Bischöflichen Sekretär Dr. Willems schreiben, „wenn Gott der Herr die Reliquie, welche wir als das Gewand seines eingeborenen Sohnes verehren, auch durch Zeichen und Wunder verherrlicht hat."

Wir werden durch nichts überrascht werden, selbst wenn die Krankenheilungen dies Mal noch um Vieles wunderbarer auftreten sollten, als es vor 47 Jahren unter dem Bischof Arnoldi geschah.

Die katholischen Schriftsteller wissen freilich nicht genug zu sagen, welch wunderbare Ereignisse gerade im Jahre 1844 „bezeugt und beglaubigt" worden sind. Gehen wir zu den einzelnen „Heilungen" über, so ist das Zugeständniß der Willems und Genossen zunächst hervorzuheben, „eine kirchliche Untersuchung über den wunderbaren Charakter dieser Heilungen habe nicht stattgefunden", indessen Bischof Arnoldi erklärte in seiner Schlußrede vor allem Volke, daß „leibliche Wunder" thatsächlich geschehen seien, und „dieses Zeugniß genügt Jedem, welcher Bischof Arnoldi gekannt hat".

Am meisten Aufsehen erregte, wie die priesterlichen Vertheidiger des Heiligen Rockes erzählen, die Heilung der 19jährigen Gräfin v. Droste-Vischering, nicht so sehr, wie wir bei Willems lesen, wegen der besonderen Bedeutung ihrer Heilung, als wegen der hohen gesellschaftlichen Stellung, welche die Geheilte einnahm: „Seit zwei Jahren war das rechte Bein in Folge strophulöser Anlage derart von der Krankheit verzogen, daß es im Knie beinahe einen rechten Winkel bildete. Die Kranke konnte nur mit Hülfe zweier hoher Armkrücken, unterstützt von der Dienerschaft, gehen und die Kirche besuchen, ein Umstand, der die fromme Jungfrau mehr noch als ihre körperlichen Leiden schmerzte. Vergebens benutzte sie die Bäder in Kreuznach; da setzte sie ihr Vertrauen auf den Herrn, der durch die Berührung seines Gewandes die blutflüssige Frau geheilt. Sie erhielt die Erlaubniß, den Heiligen Rock zu berühren, und siehe, von der Stunde an berührte der rechte Fuß seit zwei Jahren zum ersten Mal die Erde wieder; sie konnte allein gehen, und ein Diener, mit Thränen der Rührung in den Augen, trug ihr die Krücken nach zum Staunen aller Pilger. Der Wunsch der Geheilten war erfüllt; die Schmerzen waren ihr noch geblieben, sie hinkte noch etwas, aber sie hatte den Gebrauch des Fußes wieder. Wohl streute man gehässiger Weise das Gerücht aus, sie sei wieder in ihr Uebel zurückgefallen, sie brauche wieder Krücken; allein ihre Familie erhob sofort entschieden Einspruch dagegen. Die junge Gräfin blieb geheilt, und ihre Heilung machte derartige Fortschritte, daß sie barmherzige Schwester werden konnte; sie, die einst selbst der Pflege bedurfte, war nun im Stande, die Kranken in und außer dem Hause zu verpflegen."

Großen Werth legten die Verehrer der Gräfin v. Droste auf das nachfolgende, von Kreuznach datirte Schreiben vom 12. September 1844, worin es heißt:

„Obschon Du von mehreren Seiten her von der großen Gnade gehört haben wirst, die der liebe, gütige Gott mir erzeigt hat, so kann ich doch nicht unterlassen, Dir selbst davon zu erzählen, da ich weiß, welch innigen

Antheil Du daran nimmst. Zugleich wollte ich Dich aber auch bringend bitten, mir zu helfen, Gott, dem gütigsten Vater, doch den herzlichsten Dank zu sagen; ich bin dieser Gnade so unwürdig und habe sie ja durch gar nichts verdient. Daraus sieht man recht, wie unendlich groß die Barmherzigkeit und Allmacht Gottes ist. Könnte ich nun so recht beten und danken, wie es sich gebührt, aber ich bin so ergriffen und so durchdrungen von der Liebe und Güte Gottes, daß ich keine Worte finden kann. Doch mein Trost ist, daß der Herr in mein Herz sieht und weiß, wie dankbar es gern sein möchte.

Schon gleich, wie ich von dem wirklichen ungenähten Heiligen Rock Christi hörte, welcher im Dom zu Trier den Gläubigen zur Verehrung sollte ausgestellt werden, hatte ich ein großes Verlangen, dorthin zu können, und ein großes Vertrauen, daß ich den Gebrauch meines Fußes durch die Berührung des Heiligen Rockes wieder erlangen würde, wenn mir dieses erlaubt werden könnte, und wenn es der heilige Wille Gottes wäre. Zugleich aber nahm ich mir fest vor, nicht um die Befreiung von den Schmerzen zu bitten, sondern nur einzig und allein in Hinsicht meiner körperlichen Leiden um die Gnade, meinen Fuß etwas brauchen und ohne Krücken gehen zu können, um im Zimmer allein gehen und um doch zur Kirche gehen zu können. Ich hatte aber auch die feste Ueberzeugung, mit dem Beistande Gottes mit Ergebung das Kreuz zu seiner Ehre weiter fortzutragen, welches er mir seit drei Jahren auferlegt hatte, wenn es nicht sein heiliger Wille wäre, mein unwürdiges und armes Gebet zu erhören, und wenn es nicht zu meinem Seelenheile nützlich wäre. Mein fester Glaube und mein unerschütterliches Vertrauen auf die Allmacht und Barmherzigkeit Gottes vermehrte sich so sehr durch den Empfang der heiligen Sakramente der Buße und des Altares, daß ich kaum den Augenblick unserer Abreise erwarten konnte und mehrere schlaflose Nächte zubrachte, in denen ich dann in aller Ruhe den lieben Gott um die Erhörung meiner Bitte flehen konnte, wenn es sein heiliger Wille wäre. Mit welchen Gefühlen ich die Reise antrat, kann ich nicht sagen. Im Wagen suchte ich mich durch Beten und Betrachten, so gut wie ich konnte, vorzubereiten zu der großen Gnade, die mir bevorstand, vor dem Heiligen Rock beten und meine Sünden beweinen zu können; auch opferte ich dem Heiland alle Schmerzen auf, die mir diese Reise verursachte. O, wie war es mir zu Muthe, als wir nun in Trier hereinfuhren! Mit tief bewegtem und klopfendem Herzen erwartete ich den Augenblick, wo wir den andern Tag durch den Herrn Generalvikar Müller in den Dom sollten eingelassen werden; zwischen 9 und 10 Uhr war diese glückliche Stunde.

Durch den herrlichen Kreuzgang kamen wir an der Seite des Domes herein. Ich zerfloß in Thränen und konnte nur mit Mühe vorankommen, je näher wir dieser heiligen Reliquie kamen, bis wir endlich mit der Prozession die schwarzen und weißen Marmortreppen hinaufstiegen, an deren Ende der Heilige Rock in einem Glaskasten in seiner ganzen Länge und Breite aufgestellt ist. Nun fand ich mich wirklich an der Stelle, wonach ich mich so lange gesehnt hatte. Wir mußten etwas zurücktreten, um der durchziehenden Prozession Platz zu machen. Jetzt suchte ich mich zu sammeln und stellte dem lieben Gott nochmals meine Bitte um den Gebrauch meines Fußes mit Ergebung vor, aber auch mit einem festen Vertrauen, daß er mir gewiß helfen würde, wenn es sein heiliger Wille wäre. Ich hatte die Erlaubniß bekommen, den heiligen Rock zu berühren, weil ich gerade dieses so sehr wünschte. Da sagte mir Großmama aber, es könne in diesem Augenblicke nicht gut geschehen wegen der Menge der Menschen, wir könnten aber den Abend wieder kommen. Der heilige Geist gab mir aber den Gedanken ein, den Heiligen Rock mit demselben festen Glauben und Vertrauen anzuschauen, was ich haben würde bei der wirklichen Berührung desselben. Dieses that ich nun auch mit der mir möglichen Ehrfurcht, von der ich durch und durch ergriffen war, und versuchte in dem ganz festen Vertrauen auf die Hülfe Gottes im Namen Jesu Christi meinen Fuß zu strecken, der auch in demselben Augenblick gleich bis auf die Erde kam. Welch ein Augenblick!

Indem ich der lieben Großmama meine Krücken

gab und ihr sagte, mein Fuß sei gestreckt, fiel ich vor dem Heiligen Rock Jesu Christi auf meine Knie nieder, weinte und schluchzte, indem ich nicht wußte, was um mich vorging. Welche Gefühle sich meiner bemächtigten, wie ich nach drei Jahren zum ersten Male den Herrn auf meinen Knieen vor dem Heiligen Rocke seines Sohnes Jesu Christi anbeten konnte, vermag ich nicht zu beschreiben. Nur der kann sich eine Idee davon machen, dem eine ähnliche Gnade widerfahren ist, oder der das Glück hat, vor dem Heiligen Rock beten zu können. Keine Worte konnte und kann ich finden für die unverdiente Gnade, die mir erwiesen worden, mir armen Sünderin, die ich ihrer so unwürdig bin. Noch nie habe ich meine große Unwürdigkeit so eingesehen wie jetzt, wo mir der Herr mit seiner Liebe und Barmherzigkeit zuvorkommt. O, bete doch recht für mich, bete, daß ich nicht übermüthig werde in meinem Glücke!"

Wie draußen in der Welt gerade diese Heilung angesehen wurde, davon zeugt die folgende „Ballade", die das „Allgemeine Deutsche Commersbuch" uns bewahrt hat:

„Freifrau von Droste-Vischering,
    vi va Vischering,
Zum Heil'gen Rock nach Triere ging,
    tri tra Triere ging,
Sie kroch auf allen Vieren,
Das that sie sehr geniren,
Sie wollt' gern ohne Krücken
Durch dieses Leben rücken.

Sie schrie, als sie zum Rocke kam,
  ri ra Rocke kam:
Ich bin an Händ' und Füßen lahm,
  si sa Füßen lahm,
Du Rock bist ganz unnähtig,
Drum bist Du auch so gnädig;
Hilf mir mit deinem Lichte,
Ich bin des Bischofs Nichte!

D'rauf gab der Rock in seinem Schrein
Mit einmal einen hellen Schein,
  hi ha hellen Schein,
Gleich fährt's ihr in die Glieder,
Sie kriegt das Laufen wieder;
Getrost zog sie von hinnen,
Die Krücken ließ sie drinnen.

Freifrau von Droste-Vischering,
  vi va Vischering,
Noch selb'gen Tags zu Tanze ging,
  ti ta Tanze ging.
Dies Wunder, göttlich grausend,
Geschah im Jahre tausend
Acht hundert vier und vierzig,
Und wer's nicht glaubt, der irrt sich."

Die diesmalige Ausstellung des Heiligen Rockes ist die dritte des Jahrhunderts: der 1844er war die vom Jahre 1810 vorausgegangen. Acht Jahre zuvor hatte Bischof Mannay den bischöflichen Stuhl bestiegen, und seiner Freundschaft mit dem allmächtigen Kaiser Napoleon verdankte er die Ermöglichung seines Wunsches, die Relique vom 9. bis zum 27. September öffentlich auszustellen. Wie unter Dr. Korum der bischöfliche Sekretär

Dr. Willems, und wie unter Bischof Arnoldi Prof. J. Marx, so übernahm unter Mannay's Episcopat der Generalvikar Cordel die schriftstellerische Inschutznahme des Heiligen Rockes. Cordel erzählt, während der dreiwöchentlichen Ausstellung wären nach amtlicher Schätzung 227,217 Pilger an der Reliquie vorübergezogen. Es kamen Gläubige aus Lothringen, Koblenz, Köln, aus entfernten Gegenden diesseits und jenseits des Rheins. Die Ausstellung von 1810 unterschied sich dadurch von den späteren und früheren, daß, nach den Akten des Domarchivs, keine Wunderwirkungen gesehen wurden. Man schrie zwar, wie es bei Cordel heißt: Wunder, und „viele Preßhafte ließen sich herbeifahren; allein man sah keine Wirkungen, die nicht durch natürliche Ursachen konnten herbeigeführt werden, und erkannte daher kein Wunder an."

Um das Ausbleiben der Wunder urkundlich zu erklären, hätte die bischöfliche Berichterstattung nicht unerwähnt lassen dürfen, daß vom Kaiser Napoleon die Weisung ergangen war: Il est defendu, de faire des miracles en cet endroit. Der Kaiser verbot also ganz einfach Wundererscheinungen, und deshalb blieben sie aus.

Erst am 9. Juli 1810 war der Heilige Rock durch Cordel von Augsburg nach Trier gebracht worden. Er hatte sich seit 1640 zu Folge der kriegerischen Ereignisse und Unruhen bald hier bald dort befunden. So wurde er 1640 im dreißigjährigen Kriege von Trier nach Köln, im Jahre 1667 von Trier nach der Festung Ehrenbreitstein, von dort nach Trier wieder zurückgebracht. 1794 befindet er sich abermals auf der Festung, von wo er nach Würzburg, dann nach Bamberg und endlich nach Augsburg geflüchtet wird. Seit 1810 hat er keine weiteren Wanderungen zu bestehen gehabt.

Der Heilige Rock ist bis dahin nur einige Male öffentlich ausgestellt worden: im 18. Jahrhundert gar nicht, im 17. nach Beendigung des dreißigjährigen Krieges unter dem Kurfürsten Carl Casper im Jahre 1655.

Die erste feierliche Ausstellung der Reliquie ging im Jahre 1521 vor sich. Sie dauerte nach Weihbischof Enen, der Zeuge war und der die literarische Rechtfertigung übernahm, volle 23 Tage. In großartiger Weise ist der Heilige Rock eigentlich nur drei Mal zur Schau gestellt worden: 1521, 1810 und 1844; die diesjährige Ausstellung unter Dr. Korum, die mit großem Prachtaufwand vor sich gehen soll, ist seit 389 Jahren die vierte, was im Hinblick auf die der Reliquie beigelegte symbolische Bedeutung und Wunderkraft nicht viel besagen will, sondern im Grunde überraschen muß.

Die Gründe der auffallend seltenen Schaustellung sind erklärlich: zu keiner Zeit hatten sich die Zweifel an der Echtheit des Heiligen Rockes völlig zerstreuen lassen. Die Zweifel wurden nicht blos von sceptisch gearteten Laien, sondern ebenso von Klerikern gehegt, und um die Bedenken möglichst ganz zum Schweigen zu bringen, legte das Bisthum Trier großes Gewicht auf päpstliche Beglaubigungen. Eine solche wurde im Jahre 1515 erreicht, und kein Geringerer als Leo X. war es, der den Trierern folgende Urkunde zugehen ließ:

Leo, Bischof, Diener der Diener Gottes, entbietet allen Christengläubigen, welchen dies Schreiben zur Kenntniß gelangt, Gruß und Apostolischen Segen.

Unser Herr und Heiland Jesus Christus wollte das Menschengeschlecht, welches durch die Sünde des Stammvaters dem ewigen Tode verfallen war, wieder mit dem ewigen Vater versöhnen. Darum würdigte er sich, von dem hohen Himmelsthron auf diese Erde herabzusteigen, aus dem Schooße einer Jungfrau unser Fleisch anzunehmen und endlich zur Tilgung unserer Sündenlast freiwillig sich dem Tode auf dem Altar des Kreuzes zu weihen. Wir, die ohne unser Verdienst durch seine gnädige Fügung seine Stelle hienieden vertreten, laden daher, treu folgend seinen Spuren, die unserer Obhut anvertrauten Schafe seiner Heerde ein zu wahrer Andacht und zur Uebung frommer Liebeswerke, indem wir ihnen geistige Gnadenschätze, nämlich Abläße und Nachlaß ohne Sündenstrafen, verleihen, damit sie die Früchte der göttlichen Erlösung und das von allen ersehnte Heil der Seelen zu empfangen und zu den Freuden der ewigen Seligkeit zu gelangen verdienen.

Wir haben nun aus einem Bericht unseres ehrwürdigen Bruders Richard, des Erzbischofs von Trier, welcher als Beweis seiner Treue zum Apostolischen Stuhl Gesandte geschickt hat, erfahren, daß die Trierische Kirche unter dem seligen Apostelfürsten Petrus vor allen Kirchen Germaniens und Galliens durch die Glaubensboten Eucharius, Valerius und Maternus die erste Unterweisung im Glauben empfangen und wegen ihres ehrwürdigen Alters den Vorrang vor allen Kirchen jenseits der Alpen erhalten hat. Im Laufe der Zeit wurde sie von der Kaiserin Helena, der Mutter Constantin's des Großen, welche ihr königliches Haus in Trier zu dem Zwecke hergab, herrlich ausgerüstet und beschenkt. Nach ihrer Rückkehr von Jerusalem und der Auffindung des hochheiligen Kreuzes und der Nägel des Herrn hat Helena mit Zustimmung und Billigung des heiligen Papstes Sylvester dieselbe mit vielen Reliquien verherrlicht, nämlich mit dem ungenähten Gewande unseres Herrn Jesu Christi, mit einem Kreuzigungsnagel, mit dem Haupte des heiligen Papstes und Märtyrers Cornelius und mit anderen hochheiligen Reliquien. Von dem genannten Constantin wurde diese Kirche auch durch andere kaiserliche Schenkungen derart erhöht, daß sie mit Recht das zweite Rom, die Herrin der Provinzen und das Haupt aller Kirchen Germaniens und Galliens genannt zu werden verdiente.

Aber leider mußte sie, die für die Vertheidigung der römischen Kirche und des katholischen Glaubens immer unentwegt eingetreten war, lange die grausamsten Verfolgungen der Tyrannen erdulden und wurde endlich durch die räuberischen Angriffe der Hunnen unter Attila, der Griechen, Vandalen, Normannen und anderer Feinde des Glaubens derart verwüstet, des Goldes, Silbers und anderer Kostbarkeiten beraubt und in einen solchen Zustand von Armuth gestürzt, daß das Gebäude nicht mehr unterhalten und der Gottesdienst nicht mehr in würdiger Weise gefeiert werden kann.

Wir sind nun von dem Wunsche beseelt, daß der genannten Kirche Triers die verdiente Ehre zu Theil werde. Sowie ihr Vorrang und die Verehrung des ungenähten Kleides, des Nagels des Herrn, des Apostelfürsten Petrus und des Bischofs und Martyrers Cornelius, deren Reliquien mit vielen andern Heiligthümern dort bekanntlich aufbewahrt werden, es verdient, sollen ihre Gebäude in würdiger, schöner Weise wieder hergestellt und der Gottesdienst von einem zahlreichen Clerus, unter erbaulichen Ceremonien und mit aller zur kirchlichen Feier erforderlichen Pracht gehalten werden. Damit aber die Christgläubigen, deren Unterstützung die genannte Kirche Triers schon lange bedarf, um so lieber in Andacht zu ihr hinströmen und zu dem genannten Zwecke hülfreiche Hand bieten, wenn sie mit himmlischen Gnadengaben sich bereichert sehen, so ertheilen wir im Vertrauen auf die Barmherzigkeit des allmächtigen Gottes und in der Gewalt der seligen Apostel Petrus und Paulus allen Christgläubigen beiderlei Geschlechtes, welche ihre Sünden wahrhaft bereut und gebeichtet, oder wenigstens den Vorsatz wahrer Reue und guter Beichte haben und die genannte Kirche sowie die dort verehrten Reliquien alle sieben Jahre zur Zeit der Heiligthumsfahrt nach Aachen in der Diözese Lüttich, (welche Feier alle sieben Jahre stattfindet und am 13. Juli ihren Anfang zu nehmen und vierzehn Tage hindurch zu dauern pflegt), vom 7. Juli angefangen vierzehn Tage hindurch einmal besuchen und zu dem genannten Zwecke hülfreiche Hand bieten, einen vollkommenen Ablaß für alle Sündenstrafen.

Wer ferner an einem der Feste: Weihnachten, Ostern, Pfingsten, Himmelfahrt Mariä, am Fest der Kirchweihe der genannten Trierischen Kirche, am Mittwoch, Donnerstag und Freitag der Charwoche des Jahres diese Kirche besucht, erlangt einen Ablaß von hundert Jahren und ebensoviel Quadragenen. Wer jeden Tag dieselbe besucht und Unterstützung gewährt; ferner, wer täglich dem Singamte der Bruderschaft, welche unter dem Namen der genannten Reliquien in dieser Kirche gegründet wurde und den Seelen- und Gedächtnißämtern der Mitglieder der Bruderschaft an den Quatembertagen des Jahres beiwohnt und hülfreiche Hand leistet, dem erlassen wir ein Jahr und eine Quadragene von der auferlegten Buße.

Und damit die Christgläubigen, welche zu dieser Kirche pilgern, den Ablaß um so leichter gewinnen können, ermächtigen wir den genannten Richard und den jedesmaligen Erzbischof von Trier, so wie meine geliebten Söhne, das Kapitel der genannten Kirche, Weltpriester oder Ordenspriester beliebiger Mendikantenorden, soviel ihnen nothwendig erscheinen, zu Beichtvätern zu bestellen. Diese sollen die Vollmacht haben, die Gläubigen, welche alle sieben Jahre zur Gewinnung des Ablasses zu jener Kirche in Trier wallfahrten, nach sorgfältiger Anhörung ihrer Beichte von allen Strafen der Exkommunikation, Suspension und des Interdiktes, sowie von allen andern etwaigen kirchlichen Censuren, ebenso von allen, auch noch so großen Sünden, Ausschreitungen und Verbrechen, selbst wenn sie dem apostolischen Stuhl vorbehalten sind, loszusprechen und eine heilsame Buße dafür aufzuerlegen. Ausgenommen hiervon seien nur die Vergehen gegen die kirchliche Freiheit, die Sünde der Häresie, der Auflehnung oder Verschwörung gegen die Person des Papstes, den apostolischen Stuhl und den Kirchenstaat, ferner die Fälschung von apostolischen Briefen, Indulten und Erlassen, der Ueberfall, die Verwüstung, Beschlagnahme von Besitzungen zu Land und Meer, welche der römischen Kirche mittelbar oder unmittelbar untergeben sind, endlich die persönliche Kränkung von Bischöfen und Prälaten, das Verbot oder die Hinderung des Apelles an den römischen Gerichtshof, Ausführung von Waffen und anderer verbotener Gegenstände in Länder von Ungläubigen. Auch sollen sie alle Gelübde zu Gunsten der Trierischen Kirche und ihrer Unterhaltung, sowie zur Verehrung der genannten Reliquien, aber nur zu diesem Zwecke, umwandeln dürfen.

Ebenso bestimmen und verordnen wir mit Apostolischer Machtvollkommenheit, daß alle Opfergaben, Einkünfte und Almosen, sowie Alles, was die Gläubigen zur Gewinnung des Ablasses alle sieben Jahre der Trierischen Kirche geschenkt haben, zur Unterhaltung und würdigen Ausstattung derselben und der genannten Reliquien, nicht aber für andere Zwecke verwendet werde. Außerdem bestimmen wir, daß gegenwärtiges Indult unter keinerlei Zurückziehung, Aufhebung oder Beschränkung von Abläßen, auch wenn es sich um vollkommene handelt, fallen soll, mögen dieselben auch von uns selbst und dem Apostolischen Stuhl zu Gunsten derselben Basilika des Apostelfürsten in jener Stadt unter irgend welcher Beschränkung gegeben worden sein. Es soll vielmehr von allen anderen Erlassen unberührt bleiben, und so oft es unter solche zu fallen scheint, immer wieder in seiner früheren Gestalt und Ausdehnung hergestellt werden; unbeschadet aller Apostolischen Bestimmungen und Erlasse, sowie entgegenstehender Entscheidungen, soll gegenwärtiges Schreiben für alle Zukunft bindende Kraft haben.

Gegeben zu Rom bei St. Peter, im Jahre der Menschwerdung 1515, den 26. Januar, im zweiten Jahre unseres Pontifikates.

Damit war also der Trierer Rock als der echte anerkannt. Das Trierer Domkapitel erblickt in der Leo'schen Urkunde eine formelle Bestätigung der gesammten Trierer Tradition in Bezug auf noch andere Reliquien und besonders auch auf die Heilige Kaiserin Helena.

Verhängnißvoll für das Heilige Gewand wurde nur, daß 328 Jahre später Papst Gregor XVI ein Breve erließ, das die Bulle Leo's inhaltlich aufhob. Papst Gregor erklärte im Jahre 1843 mit dürren Worten: echt ist der Rock Christi, der in Argenteuil niedergelegt ist. Für beide Röcke waren dieselben Gründe aus Geschichte und Tradition geltend gemacht worden. Der echte ungenähte Rock kann aber nur einer sein, und darum müssen die zwei Gewänder entweder beide echt oder beide falsch sein.

Diese Beunruhigung, es möchte dem Trierer Rock von Neuem nachgesagt werden, er sei, wie Tausende von anderen Reliquien, eine plumpe Fälschung, veranlaßte regelmäßig vor jeder größeren Schaustellung bischöfliche Untersuchungen, die dann bekannt gemacht wurden, um die Gläubigen zu überzeugen, sie erwiesen ihre Verehrung einem zweifellos echten Gegenstande. So geschah es auch dies Mal, und zwar ließ Dr. Korum schon am 6. Juli 1890 zur Zerstreuung von Bedenken, die der unlängst verstorbene Domkapitular v. Wilmowsky gehegt hatte, eine Prüfungs-Kommission zusammentreten.

Die Vertrauens-Personen des Bischofs wurden dann „durch einen Eid zum Stillschweigen verpflichtet."

Nach den knappen Andeutungen, die gemacht wurden, hat seit 1844 die Reliquie sammt der sie umgebenden Baumwolle und den Seidenhüllen „durch Feuchtigkeit stark gelitten" und „viel Schimmel hatte sich angesetzt". Zwei Franziskanessen übernahmen die Reinigung und Ausbesserung des Heiligen Gewandes. Auch sie wurden zum Stillschweigen eidlich verpflichtet.

Das Ergebniß der Untersuchung am 7. und 8. Juli 1890 war:

Der Schimmel, welcher sich in alle Theile des aufgefundenen Gewandes festgesetzt hat, erschwert die Untersuchung des letzteren in erheblichem Maße. Trotzdem konnte mit unbedingter Gewißheit Folgendes festgestellt werden:

Die Reliquie besteht in ihrer Ganzheit aus drei übereinander gefügten Stofflagen, von denen die Vorderseite größtentheils einen gemusterten Seidenstoff zeigt, die Rückseite einen übergelegten gazeartigen (crêpe de chine) Stoff. Das Alter dieser Gaze läßt sich in keiner Weise bestimmen. Für den Ursprungsort des gemusterten Seidenstoffes wird der Orient, für die Ursprungszeit das 6. bis 9. Jahrhundert angenommen werden dürfen. Die farbliche Musterung besteht in goldgelben und purpurvioletten Kreisen, die Figuration in größeren Quadraten, welche durch schmale Borten gebildet sind. Innerhalb dieser Quadrate sind je zwei gegeneinander gekehrte Vögel erkennbar, mit einem hakenartigen, sowie darunter mit einem horizontalliegenden lanzettförmigen Ansatz am Hinterkopf, mit einem Zweige vor dem Schnabel, mit einem Pflocke unter den weißlich gefärbten Krallen. Die Gestaltung des Leibes der Vögel ist nicht genau mehr zu erkennen, da an der einzigen Stelle, an welcher die Zeichnung überhaupt noch hinreichend wahrnehmbar ist, sich eine Lücke befindet.

Der Unterstoff besteht auf der Rückseite zweifellos aus einer gemusterten Köperseide, an welcher im Innern Webekanten sich zeigen. Diese umgrenzen nach zwei Seiten ein größeres viereckiges Stück. Der übrige Unterstoff des Ganzen scheint ebenfalls aus Seide zu bestehen. Das Alter dieses überall ungemusterten Unterstoffes läßt sich mit Sicherheit nicht bestimmen.

Zwischen dem Ueber- und Unterstoffe befinden sich lückenhaft zusammenhängende Stofftheile, welche zwischen den beiden Stofflagen sich ausbreiten. Diese lückenhaften Stofftheile haben ohne Zweifel ursprünglich das ganze Gewand gebildet. Das Material dieses ungemusterten bräunlich gefärbten Gewebes ist allem Anschein nach Linnen oder Baumwolle. Offenbar hatten Ober- und Unterstoff die Bestimmung, das zwischen ihnen liegende Gewand zu konserviren, weswegen dieselben auch zu verschiedenen Zeiten je nach Bedürfniß eingefügt zu sein schienen. Das Alter dieses Mittel- und Kerngewebes ist gar nicht bestimmbar; jedenfalls ist dasselbe älter, als die es bedeckenden Stoffe. Material und Technik geben in Bezug auf die das Gewand betreffende Ueberlieferung kein Bedenken. Bei dem oben erwähnten jetzigen Zustande des Kernstoffes konnte eine Untersuchung, ob an diesem ursprüngliche Nähte vorhanden waren, kein direktes Resultat ergeben. Es haben sich aber auch für solche gar keine Anhaltspunkte gefunden; denn was an Nähten sich vorfindet, betrifft nur den Unter= und Oberstoff und macht größtentheils den Eindruck von spätern Nothnähten.

Aus dem Vorstehenden ergiebt sich, daß die Unter= suchung nichts geliefert hat, was mit den uralten Traditionen der Trierischen Kirche in Widerspruch sich befindet. Ins= besondere hat sich „ein ansehnliches an der Rückseite angeheftetes Gewandstück", welches nach der Behauptung von Wilmowsky's „von milder, grauer Farbe" u. s. w., also von dem übrigen Unterstoffe wesentlich verschieden sein sollte, nichts entdecken lassen. Vielleicht hat ein breiter, von außen über den untern Rand in das Innere geführter Gazeumschlag, der hier, weil nur lose befestigt, eine Art Tasche gebildet hat, zu seinem Irrthum Anlaß geboten. Auch weist, wie schon die vorstehende Beschreibung des defsinirten Oberstoffes andeutete, die Musterung desselben erhebliche Verschiedenheiten von der durch von Wilmowsky mitgetheilten auf.

Trier, den 8. Juli.

(gez.) **M. Felix,** **Feiten,** **Scheuffgen,** **Ditscheid,**
Bischof von Trier. Weihbischof. Dompropst. Dombechant.
Ph. de Lorenzi, Dombechant. **Lager. B. J. Endres. Schnütgen.**
Meurer. Beissel. de Nys, Oberbürgermeister. **Wirtz.**

Hierzu wurden folgende Protokolle veröffentlicht:

Gestern, den 8. Juli 1890, im Laufe des Nachmittags und heute Morgen, den 9. Juli 1890, von 8½ Uhr Morgens an, wurde von den beiden hochwürdigsten Herren, dem Bischofe Dr. Korum, sowie dem Weihbischofe Feiten, unter Mitwirkung der beiden nach dem gestrigen Protokoll vereidigten Franziskanerschwestern das Gewand nach einer, von den beiden Sachverständigen, Herrn Domkapitular Schnütgen und Herrn P. Beissel, angegebenen Methode von dem Schimmel, soweit als möglich, gereinigt. Der Versuch gelang über Erwarten gut, so daß es nach Entfernung des Schimmels gestattet war, die gestern angestellten Beobachtungen noch einmal vorzunehmen. Die Resultate, welche gestern erzielt wurden, bestätigten sich auf's Neue, und konnten noch andere Beobachtungen vorgenommen werden, die nur geeignet waren, die gestern gemachten zu bekräftigen.

Am Halse und an den Enden der Aermel und an dem unteren Saume sind die Reste einer breiten gemusterten Borte, in der grüne und rothe Farben deutlich zu erkennen sind. Zwei Parallelstreifen der Borte gingen, wie Reste beweisen, vom Halsausschnitt zum untern Rande herab.

Oben am Halsausschnitte laufen an 20 Stränge herab, von denen 18 gut erhalten sind. Sie werden gebildet aus parallel gelegten Fäden, die aus Seide zu bestehen scheinen. Die Länge der Stränge beträgt 0,47 — 0,10 m, die Breite 0,006 — 0,001 m. Große

Stücke des Kernstoffes finden sich auf der innern Seite des Rücktheiles unter der zurückgeschlagenen, eine Art Tasche bildenden Gaze.

Ueber der Oberfläche unter dem mit Vögeln gemusterten Stoffe sind Reste eines grün gemusterten Stoffes erkennbar.

Zum Schluße wurden sämmtliche Muster, besonders die Vogelfiguren, so viel als möglich, ganz genau von Herrn P. Beißel, sowie Herrn Dombaumeister Wirtz abgezeichnet.

Man schritt zur Ausbesserung des Gewandes, indem die verschiedenen Risse mit dunkelbrauner Nähseide so geflickt wurden, daß nach außen die Stiche möglichst klein gehalten wurden. Besagte Risse befanden sich in dem Unterstoffe sowohl wie in dem Oberstoffe, besonders in den Falten. Einzelne herabhängende Stücke des Gewebes wurden wieder befestigt. Sodann wurde eine Umhüllung angefertigt, welche aus einem maschenartigen Gewebe (Stoff-Tüll-Grenadine) besteht, die Farbe desselben bräunlich und somit der Grundfarbe des Heiligen Gewandes möglichst entsprechend. Einzelne herabgefallene Theile des Kernstoffes und der darauf gelegten Seide wurden unter diesem Gewebe wieder eingefügt. Die Umhüllung wurde durch einzelne Stiche befestigt. Die von den Sachverständigen angegebene Methode zur Entfernung des Schimmels bestand darin, daß man Watte mit Spiritus tränkte und die schadhaften Stellen gelind damit betupfte.

Zur Beurkundung des Vorstehenden unterschrieben Nachstehende als Augenzeugen, nachdem noch einmal das Befundene eingesehen war.

(gez.) M. Felix, H. Feiten, Schenffgen, Beißel,
Bischof von Trier. Weihbischof. Dompropst. Dombechant.
de Lorenzi, Wirtz,
Dombechant. Dombaumeister.

Hieran schließt sich das Protokoll vom 10. Juli:

Der in dem Protokoll vom gestrigen Datum erwähnte Versuch, die Vogelfiguren abzuzeichnen, gelang. Herr Dombaumeister Wirtz versuchte zuerst, aber vergeblich, mit Pauspapier zum Ziele zu kommen, nahm dann eine Glasplatte und vermochte mittelst derselben die Musterung, soweit dieselbe erkennbar war, genau zu fixiren. Die auf Glas mit Tusch hergestellte Zeichnung ist mit Siegeln versehen und im Domarchiv reponirt worden. Bei der Durchzeichnung stellte sich heraus, daß der in dem Protokoll vom 8. Juli 1890 als „hakenartig" bezeichnete Ansatz am Hinterkopfe nicht in der eigentlichen Musterung vorhanden war, sondern nur durch Vergehen der Farben entstanden ist. An einem andern vollständig erhaltenen Kopfe, an welchem die Farben noch deutlich zu erkennen waren, fehlte dieser vermeintliche Ansatz.

(gez.) M. Felix, H. Feiten, Schenffgen, Wirtz,
Bischof von Trier. Weihbischof. Dompropst. Dombaumeister.
de Lorenzi,
Dombechant.

Am 11. Juli wurde dann im Beisein des Kapitels die Reliquie von einer doppelten Seidenhülle umgeben, in eine Lade aus Blei beigesetzt und diese wieder in drei andere hölzerne mit Klaustern versehene eingeschlossen. Das ist der Inhalt des letzten Protokolls.

Diese Korum'schen Protokolle über die Untersuchung des Heiligen Rockes entbinden uns nicht entfernt von der Frage, ob der Trierer Rock nach Form, Farbe, Stoff und Arbeit der Vorstellung entspreche, die wir uns von der ungenähten Tunika Christi zu machen haben, und zur Gewinnung einer sicheren Auskunft halten wir uns an die klassischen Untersuchungen der Gildemeister und v. Sybel.

Die Hebräer, Griechen und Römer trugen eine Tunika als Unterkleid, und diese Tunika, die hier allein in Rede kommt, reichte bis an das Knie oder sehr wenig darüber. Als gewöhnliches Arbeitskleid dienend würde es bei größerer Länge hinderlich gewesen sein. In der römischen Kaiserzeit war es die Tracht des edlen Anstandes. Wer in langen Tuniken einherging, die bis zum Knöchel reichten, war eine vornehme Person; römische und hebräische Frauen trugen diese langen Kleider insgesammt. Christus macht es den Schriftgelehrten zum Vorwurf, daß sie lange Tuniken tragen; er erblickt darin pharisäischen Stolz. Deshalb kann Christus selbst nur einer kurzen Tunika sich bedient haben, und ist der, Trierer Rock, wie der Professor des bischöflichen Seminars, Dr. Marx, angiebt, nach der Messung des Masenius 5 Fuß und 1½ Zoll, nach der des Generalvikars Cordel

5 Fuß lang, so kann er nicht das echte ungenähte Kleid Christi sein. Auch darf nicht etwa behauptet werden, Christus habe wohl zwei Tuniken, die kürzere unmittelbar am Leibe, eine längere darüber getragen. Zwei Tuniken zu tragen, untersagt Christus den Jüngern. „Und er gebot ihnen, daß sie nicht zwei Röcke anzögen" — so bei Markus Kap. 6, Vers 8—9.

Ist die ursprüngliche Farbe des Rockes Purpur gewesen, was die Vertheidiger der Tunika vielfach behauptet haben, so hat er auch darum keinerlei Anspruch auf Echtheit. Purpurfarbe war Luxusfarbe, von der Gewandung Christi deshalb ausgeschlossen.

Der Stoff des Rockes läßt sich schwer bestimmen. Nach Annahme des Dr. Korum steht Linnen oder Baumwolle in Rede. Die Wahrscheinlichkeit spricht für Wolle; mehr kann nicht gesagt werden. Ist aber der Trierer Rock ursprünglich ein feines Prachtkleid gewesen, wie es ganz den Anschein gewinnt, so kann die Tunika auch aus diesem dritten Grunde nicht echt sein. „Wollet ihr einen Menschen in weichen Kleidern sehen?" so fragt Christus das Volk bei Matth. 11, Vers 8, und er fährt fort: „Siehe, die da weiche Kleider tragen, sind in der Könige Häusern."

Wie steht es nun mit der Art der Arbeit? Weihbischof Enen, der ihn 1513 sah, sagt von dem Trierer Rock: „Es ist ein seltzam arbeit, nicht geweben, das ist claer." Und doch spricht der biblische Text klar und deutlich von einem gewebten Rock. (Das griechische Wort: hyphantos entspricht dem lateinischen textus, dem deutschen gewebt.)

Was ergiebt sich also? Nach Länge, Farbe, Stoff und Arbeit kann der Trierer Rock unmöglich Christi Rock sein, die zur Ausstellung gelangende Tunika ist also ein und zwar im Mittelalter gefertigtes Gewand.

Der ehrliche Trierer Weihbischof Enen erzählt ganz naiv im Jahre 1513 auch „von den hoßen vnßers lieben Herren Jesu cristi, die maria die zarte juncfraw seine wirdige Mutter hat gemacht." Mit den „hoßen", die im Trierer Nikolaus-Altar ebenfalls sich vorfanden, sind Strümpfe gemeint. Daß die Hebräer niemals ein solches Kleidungsstück trugen, steht geschichtlich fest, und ebenso fest also steht: wir haben hier ein schlagendes Beispiel von der Unwissenheit der damaligen Trierischen Geistlichkeit, und ihre „hoßen" berechtigen zu einem Schluß auf den Werth ihrer sonstigen Reliquien wie ihrer sogenannten Traditionen.

Bevor 1844 der Heilige Rock ausgestellt wurde, hatte der Amtsvorgänger des Bischofs Arnoldi, Bischof Joseph v. Hommer, eine „Geschichte des Heiligen Rocks unseres Heilandes, welcher in der Domkirche zu Trier aufbewahrt wird", selbst geschrieben, und darin sagt er: „Wie wollen wir verlangen, daß Thatsachen, die vor achtzehnhundert Jahren geschehen sind, mit Zuversicht behauptet werden sollen, wenn nicht göttlich inspirirte

Schriftsteller sie bezeugen? Völlige Gewißheit über die Echtheit des Heiligen Rockes dürfen wir nicht fordern."

Joseph v. Hommer schreibt schlicht, gerade, offen, und seine Zweifel an der Echtheit des Trierer Gewandes waren es, die ihn bewogen, während seiner zwölfjährigen Amtsführung den Rock nicht auszustellen.

Auch der amtliche Vertheidiger der 1844er Ausstellung, Prof. J. Marx, sagt wehmüthig von dem Heiligen Rocke: „Völlige über alle Zweifel erhabene Zuverlässigkeit auf den Grund geschriebener Nachrichten aus den allerältesten Zeiten kann leider seine Schrift (über das Gewand) nicht in Anspruch nehmen, da solche nicht mehr zu ermitteln ist."

Marx will und kann auch nicht anerkennen, daß Christi Rock mit ihm von Jugend an gewachsen sei, obwohl der Hymnus auf das Heilige Gewand in dem alten Trierer Brevier dies ausdrücklich sagt:

> Tu membra Christi contegens
> Crescis simul cum corpore,

und diesen lateinischen Vers übersetzt Pastor Lichter für seine „Gebete bei Vorzeigung des Heiligen Kleinods" mit dem Reim:

> Du deckst den Herrn in seinem Erdenlauf,
> Wächs't mit ihm stets an seinem Leibe auf.

Was ist von den Reliquien der römischen Kirche im Allgemeinen zu sagen?

Guibert von Nogent sur Seine, ein grundorthodoxer, für seine Zeit gelehrter, für die Ehre der Kirche höchst eifriger Schriftsteller, hatte am Anfang des 12. Jahrhunderts gegen die vielen damaligen Reliquienfälschungen sich erhoben und die Art, wie man dergleichen fabricirte, stark gegeißelt. Die Gelegenheit zu einer besonderen Schrift hierüber gab ihm ein angeblicher Zahn Christi, den das Medardusloster in Soissons besaß, und dessen Unechtheit er auf seine Weise weitläufig erweist. Er beginnt damit, daß die Verehrung der Gebeine der Heiligen und der ihnen angehörigen Sachen nicht zu den zur Seligkeit nothwendigen Dingen zu rechnen sei; es dürften auch nur diejenigen dieser Verehrung theilhaftig werden, die sich nicht etwa durch die bloße Meinung oder durch das Alter, sondern durch eine zuverlässige Ueberlieferung wahrhafter Schriften bestätigen lassen. Er erzählt eine Reihe von Beispielen, wie man ganz nach Willkür beliebige Gebeine erst als die eines Bekenners, dann als die eines Martyrs verehrt; wie man einen im Trunk in einen Brunnen gefallenen Menschen zum Heiligen gemacht; wie gewisse Heilige ein gar zweideutiges Ende genommen. Da sogar bei Solchen Wunder geschehen wären, könnten selbst Wunder nicht als sicherer Erweis ihrer Echtheit gelten; denn Gott thue auf verschiedene Weise Wunder, z. B. durch Bileams Eselin.

Durch dergleichen falsche Heilige zwinge man gleichsam Gott, der von ihnen nichts wisse, zu lügen. In einem Dorfe bei Beauvais habe man einen ganz gewöhnlichen Jungen, blos weil er am heiligen Charfreitag gestorben, zum Heiligen gestempelt, Weihgeschenke und Wachslichter dargebracht und von fern her Bauernprozessionen zu ihm angestellt; der benachbarte Abt mit seinen Mönchen habe dies mit angesehen und, durch die vielen Geschenke bestochen, geduldet, daß betrügerische Wunder geschähen. Durch solche Lügen und Schurkereien sehe man täglich fremde Beutel bis auf den Grund leeren. Es sei einmal in seiner Gegenwart geschehen, daß in einer berühmten Kirche, die gerade Geld bedurfte, ein Prediger ein Stück Brot, von welchem angeblich Christus mit eigenen Zähnen gekaut, vorgezeigt, und, wenn man es nicht glauben wollte, sich auf ihn, Guibert, als berühmten Schriftsteller und geistlichen Heros, berufen habe, er aber habe aus Rücksicht auf die höhere Geistlichkeit, die diesen Betrug angestiftet, ihn nicht Lügen zu strafen gewagt. In Städten und Dörfern mache der Pöbel täglich neue Heilige, und der Klerus schweige dazu, daß die alten Weiber erlogene Geschichten dieser Heiligen absingen und, wenn jemand widersprechen wolle, mit Schimpfworten und Spindeln vertheidigten. Nicht besser gehe es mit den Reliquien der echten Heiligen; auch hier sei ein unermeßlicher Irrthum, denselben Heiligen wolle man in vielen Kirchen besitzen. Das Haupt Johannis des

Täufers sei in Konstantinopel und in St. Jean d'Angeli (Guibert wußte nicht, wie Sybel einschaltend bemerkt, daß es noch an vielen andern Orten vorhanden ist). Was wohl Lächerlicheres von dem heiligen Manne gesagt werden könne, als daß er zweiköpfig gewesen. Es sei klar, daß entweder die Einen oder die Andern einen argen Betrug spielten; sie trieben, indem sie in einer so frommen Angelegenheit zu Lügen ihre Zuflucht nähmen, statt göttlicher Dinge teuflische.

Auch davon, wie neuere katholische Schriftsteller über das Treiben mit den falschen Reliquien geurtheilt haben, mögen einige Zeugnisse angeführt werden. „Wundere man sich nicht," sagt der Herausgeber der Werke Guiberts, der gelehrte Benedictiner d'Achery, „daß Guibert ausführlich gegen die Reliquienfälscher und Erfinder, gegen die, welche sie unter dem Schein der Frömmigkeit dem Volke vorzeigen, loszieht. Denn gerade zu seiner Zeit waren so viele und verschiedene verderbliche Irrthümer aufgekommen und hatte eine solche abscheuliche Geldgier die Geistlichen, die ihren Kirchen zahlreichen Zuspruch verschaffen wollten, ergriffen und verblendet, daß es nicht auffallen kann, wenn der Verfasser sie an mehreren Stellen seines Buches streng zur Rechenschaft zieht, ohne die Verehrung der Reliquien bestreiten zu wollen." Aehnlich sprechen sich andere dieser gewiß orthodoxen und gelehrten Benedictiner von St. Maur in ihren Noten zu einer Stelle des Papstes Gregor des Großen aus, in der von Reliquienbetrügereien die Rede ist: „Dergleichen dem Namen nach fromme, in Wahrheit aber gotteslästerliche Betrügereien verdammen alle wahrhaft Frommen, so viel ihrer sind; sie werden nur von irreligiösen Menschen betrieben, die, indem sie unter leerem Schein der Frömmigkeit täuschen, wahrer Frömmigkeit baar sind. — Möchte doch unser Zeitalter dergleichen nicht gesehen haben, möchten doch endlich einmal, zwar spät, aber ernstlich, die Bischöfe Maßregeln ergreifen, solchen gottlosen Mißbräuchen der Reliquien ein Ende zu machen, und durch sichere und unzweifelhafte Documente die wahren von den falschen zu unterscheiden." Damit ganz übereinstimmend sagt der bekannte Jesuit Busenbaum ganz trocken: „Den Aberglauben der Abgötterei begeht, wer falsche Reliquien ausstellt."

Selbst das kanonische Recht hat Bestimmungen über falsche Reliquien. Es muß hierfür als vollgültige Autorität das hohe Domcapitel zu Trier citirt werden, wenn es sagt: „Es sei allerdings wahr, daß die Verächter hochheiliger Reliquien kanonisch bestraft werden sollten, eben so wahr aber auch dagegen, daß die Fälscher von Reliquien und Alle, welche unbekannte für bekannte, und zweifelhafte für gewisse ausgäben, strafwürdig seien." Ein Kanon des vierten Lateranischen allgemeinen Concils befiehlt: „Die Prälaten sollen nicht dulden, daß diejenigen, welche ihre Kirche zur Verehrung von Reliquien besuchen, durch leere Erdichtungen und falsche Urkunden betrogen werden, wie es an vielen Orten des Gewinns wegen zu geschehen pflegt."

Wie verhält es sich nun mit den geschichtlichen Urkunden über den Heiligen Rock, den Dr. Korum ausstellt? Das einzige Zeugniß, welches man in Trier für ein älteres Datum der Ueberlieferung aufgetrieben hat, ist eine Urkunde des Papstes Sylvester, vom Jahre 330, wie man nach freiem Gutdünken jetzt in Trier das Datum feststellt. Diese lautet nach den Gesta Trevirorum im Wesentlichen wie folgt:

„Wie im Heidenthum durch eigene Kraft, so ergreife auch jetzt, Trier, den Primat über Gallien und Germanien, den dir schon Petrus, das Haupt der Kirche, verlieh, den ich, Sylvester, sein unwürdiger Diener und Nachfolger, durch den Patriarchen von Antiochien, Agricius, dir erneuere und bestätige — zu Ehren der Kaiserin Helena, welche, in Trier geboren, die Stadt mit dem aus Judäa mitgebrachten Körper des Apostels Matthias, nebst dem Rocke und dem Nagel des Herrn, einem Zahne des heiligen Petrus, den Sandalen des heiligen Andreas, dem Haupte des Papstes Cornelius herrlich beschenkte und prächtig schmückte. Wer dies Privileg wissentlich angreift, sei excommunicirt."

Interessant und wichtig ist, daß diese Urkunde Sylvester's gefälscht wurde. Wie Heinr. v. Sybel nachweist, erwähnen gerade die ältesten Exemplare der Urkunde den Rock mit keiner Silbe. Der älteste Text sagt von der heiligen Helena, von ihrer Geburt zu Trier, von allen ihren Reliquien, also auch vom Heiligen Rocke nichts. Dann kommt 1054 eine Erweiterung des Textes, die der Helena und deren Geschenken Raum schafft. Vom Rocke ist noch nicht die Rede, sondern nur vom Apostel Matthias und von dem Kreuznagel. Aus der Lebensbeschreibung des Agricius, die nach dem Jahre 1054 geschrieben ist, geht hervor, daß für die vornehmste Reliquie der Trierer Kirche der Nagel galt. Darum setzte man in die Sylvester=Urkunde ihn und den heiligen Matthias mitsammt der Helena und deren Trierer Herkunft hinein. Eine spätere Fassung der Sylvester=Urkunde spricht von Reliquien, die Helena überbracht habe, schlechtweg, und nun wird alle Welt neugierig, was denn wohl diese Reliquien seien. Es kam die Vermuthung auf, in dem Kasten, den der heilige Agricius in der Domkirche niedergelegt habe, befinde sich ein Kleid des Erlösers; indeß, während des ganzen elften Jahrhunderts, hatte die Trierische Kirche den Heiligen Rock noch in keiner Weise anerkannt.

Erst zwischen den Jahren 1106 und 1124 wird der Heilige Rock in die Sylvester=Urkunde eingeschoben, also zu einer Zeit, die ihre höchste Lust an Visionen und Reliquien hatte. An den Trierer Gesten war als Autor ein Mönch von St. Matthias betheiligt, und der ist der wahre Schöpfer der Tradition. Wie tausend andere Reliquien, so ist plötzlich der Trierer Rock vorhanden.

Nun heißt es weiter, daß im Jahre 1196 der Rock durch Erzbischof Johann I. zum ersten Male an's Licht gezogen sei, seit ihn Agricius im Jahre 328 in den Kasten gelegt habe. Allein es findet keinerlei Prüfung der Reliquien statt, es geht nur eine Ueberführung des Kastens vom Nikolaus=Altar in den Petrus=Altar vor sich. Wir wissen nicht, was überführt wird und was sonst in und mit dem Kasten vor sich geht. Wir wissen nur von dem Abte Guibert von Nogent, der 1124 starb, wie man gerade im zwölften Jahrhundert Reliquien machte und Reliquien taufte. Guibert ist ein eifriger Verehrer der Heiligen und ihrer Reliquien, aber edler Unwille veranlaßt ihn, in seinem Reliquienbuche, das wir schon erwähnten, seiner Zeit ihre Reliquienfälschungen unnachsichtlich vorzuhalten — Guibert erzählt: „Der Bischof von Amiens fand, als er einst einen Leichnam, den er für den des Martyrers Firminus hielt, in einen neuen Kasten legen wollte, dabei keine Etikette und nicht mit einem einzigen Buchstaben angezeigt, wer dort be= graben liege. Von dem Bischof von Arras und sogar von dem Bischof von Amiens selbst habe ich gehört, was ich erzähle: ohne Bedenken legte er eine bleierne Tafel dabei, auf die er schrieb: der Martyr Firminus, Bischof von Amiens. Kurze Zeit darauf geschieht dasselbe im Kloster des Heiligen Dionysius: als der Martyr, um in einen besseren Kasten gelegt zu werden, erhoben und enthüllt wird, findet man in seiner Nase einen Streifen

Pergament, auf welchem steht, daß dies der Körper des Martyrs **Firminus** von Amiens sei."

Im Jahre 1157 soll nun Kaiser **Friedrich I.** ein Schreiben an den Erzbischof **Hillin** von Trier geschrieben haben, in welchem er die Tunika eine Zierde der Trierischen Kirche nenne. Allein die ersten Kenner unserer Kaiser=Urkunden, unter ihnen Dr. **Böhmer**, erklärten auf das bestimmteste, nach Stil und Inhalt wäre der Brief unzweifelhaft unecht.

Vier Jahrhunderte lang, von 1196 bis 1512, war kirchlicher Seits von dem Rocke nicht die Rede. Da kam 1512, wie die bischöflichen Tunika=Schriftsteller erzählen, Kaiser **Maximilian** nach Trier. Er war ein Mann voll religiöser Wärme und zugleich zu allem Seltsamen, Absonderlichen hinneigend. Er wollte wissen, wie es sich mit der Tunika eigentlich verhielte. Der Erzbischof, durch dies Verlangen „sehr in Verlegenheit gesetzt", wie Dr. **Marx** erzählt, habe ihm auszuweichen gesucht, „weil durch die bei einer früheren Eröffnung des Kastens vorgefallenen Zeichen der göttlichen Mißbilligung sich eine große Ehrfurcht und heilige Scheu durch Jahrhunderte fortgepflanzt habe, aus welcher die Erzbischöfe denselben nie zeigen zu sollen geglaubt hätten". Als der Kaiser „durch diese und ähnliche Gründe sich nicht abweisen ließ, habe der Kurfürst das Domkapitel berufen, um mit diesem zu berathen", in dem „Gutachten" desselben, welches dem Kaiser zu willfahren rieth), „eine Art Beruhigung" gefunden und, um „seinem besorgten Gemüth eine noch größere Beruhigung zu geben", anhaltende Gebete angeordnet, „daß Gott bei Hervorziehung dieses so alten Heiligthums allen Schaden, der daraus befürchtet werden könne, gnädig abwenden möge". Darauf habe er am 14. April den Altar eröffnet.

Ein anderer Berichterstatter aus dem Jahre 1512, Trithemius, weiß nur zu erzählen, Kaiser Maximilian habe einfach wissen wollen, ob es wahr sei, was in der Trierischen Geschichte gelesen werde, daß die Tunika Christi im Petersaltar der Domkirche aufbewahrt werde.

Weihbischof Enen berichtet ähnlich, nur mit dem Zusatz, der Erzbischof habe zufolge des kaiserlichen Verlangens, den Rock zu sehen, in allen Kirchen und Klöstern beten lassen, daß der Rock gefunden werden möge.

Hat der Erzbischof irgend eine Besorgniß gehabt, so ist es die gewesen, daß das Kleid überhaupt nicht da sei.

Zwei Jahre nach dem Trierer Besuch des Kaisers Maximilian erschienen für die Gläubigen des „deutschen Rom" päpstliche Ablässe und der Ruf der Entdeckung ging durch ganz Deutschland.

Wo war der Heilige Rock gewesen, bis man in Trier ihn fand? Keiner weiß genaue Aufschlüsse zu geben. Gefunden wurde er durch „göttliche Eingebungen". Seine Entstehung, seine Geschichte, seine symbolische Bedeutung — alles ist ein großes kirchliches Mysterium.

Und länger als 1800 Jahre hat das Gewand Christi sich erhalten?

Shakespeare faßt die Vergänglichkeit alles Irdischen in die Worte zusammen:

> Der große Cäsar, todt und Lehm geworden,
> Verklebt ein Loch wohl vor dem rauhen Norden —
> Ach, daß die Erde, der die Welt gebebt,
> Vor Wind und Wettern eine Wand verklebt!

Wir lesen im Evangelium Johannis, Kapitel 19, 23. 24 nach der katholischen Uebersetzung des Dr. Leander van Eß: „Nach seiner Kreuzigung nahmen die Soldaten sein Oberkleid, (theilten es in vier Theile, so daß Jeder Einen Theil bekam), auch das Unterkleid. Dieses Kleid hatte aber keine Naht, sondern bestand von oben an durchweg aus einem Gewebe. Da sagten sie zu einander: Das wollen wir nicht zerschneiden, sondern darum loosen, wem es gehören soll. So wurde die Schrift erfüllt, welche sagt: Sie haben meine Kleider unter sich getheilt und das Loos um mein Gewand geworfen. Dies thaten die Soldaten.".

Das in vier Theile getheilte Oberkleid bleibt für uns außer Betracht, nur um das Unterkleid, den Chiton, handelt es sich hier. Der Chiton entspricht unserem Hemd, und zwar einem Hemd aus Wolle.

Wer besaß nun von den vier Soldaten das Unterkleid? Wir wissen es nicht. Und wohin ist es gekommen? Wir wissen es auch nicht. Aber die Volkssage weiß es. Nach der Volkssage spinnt die Jungfrau Maria selbst den Rock aus eines Lammes Wolle, die Kaiserin Helena wirkt ihn auf dem Oelberg, Christus zieht ihn sogleich an und der Rock wächst mit ihm. Nach der Kreuzigung schenkt ihn Herodes einem Juden, der ihn in einem Steinsarg in's Meer versenkt. Diesen treiben die Wogen, ein Siren nimmt den Rock heraus, den nach Jahren ein Pilger auf dem Strande findet, ihn erkennt, und, sich desselben nicht würdig haltend, ihn wieder in's Meer wirft. Ein Walfisch verschlingt ihn und trägt ihn acht Jahre lang umher. Zu dem Fischer, der den Walfisch fängt und die Tunika findet, ist eben König Orendel von Trier verschlagen worden, die Jungfrau Maria sendet ihm die dreißig Goldstücke, um welche Judas den Herrn verrathen, damit kauft er den Rock vom Fischer, zieht ihn an, und ist seitdem durch die Kraft des Rockes der gewaltigste Held. Der graue Rock macht ihn sieghaft und unverwundbar, er heißt nach ihm überall nur der Bruder Graurock. Nach vielen Fahrten bringt er ihn, ehe er zur letzten Pilgerung zum heiligen Grabe aufbricht, nach Trier, wo er wieder in einen Steinsarg gelegt und weiter bewahrt wird.

Orendel ist nun eine in der heidnischen deutschen Mythologie wohlbekannte Figur und, wie nicht selten religiöse Vorstellungen des Mittelalters, ist also auch der Heilige Rock in ursprünglich heidnische Sagenkreise verwebt worden. Daß das Gedicht aus dem zwölften Jahrhundert stammt, legt Simrock in seiner Uebersetzung desselben dar, und damit ist der Beweis vollendet, daß der Rock in Trier schon vor 1196 gekannt, die angebliche Tradition aber über seine Herkunft vor 1512 von aller Welt ignorirt war. Das Gedicht selbst ist einige Mal als Volksbuch gedruckt worden, indeß hat sich seit 1512 sein Inhalt nicht mehr dauernd im Munde des Volkes erhalten können. Einige ähnliche Geschichten cursirten noch im Jahre 1844, um den Anfang der Ausstellung des Rockes, die wahrscheinlich von den bei der Ausstellung von 1810 verbreiteten Erzählungen übrig geblieben sind; aber auch hier läßt sich die Wahrnehmung machen, daß durch die Ueberschrift der vielen grotesken Bilder und die für das Volk geschriebenen Bücher, die alle von der Helena reden, jene Berichte mehr und mehr verdrängt werden.

In der Gegend von Trier selbst ward erzählt: Der christliche Kaiser Constantin, natürlich auf Pilatus höchst erzürnt, daß er Christus habe hinrichten lassen, habe ihn zur Rechenschaft gezogen, Pilatus aber, so oft er gestraft werden sollte, den ungenähten Rock, den er an sich gebracht, umgehängt, so daß ihm kein Leid habe geschehen können, zur großen Verwunderung des Kaisers. Endlich habe Veronica das Geheimniß ver=

rathen, Constantin den Rock an sich genommen und Pilatus seine Strafe erlitten.

Es ist in dieser Vorstellung dieselbe Naivität des Glaubens, dieselbe Sinnlichkeit der Anschauung, und deshalb derselbe poetische Reiz, wie in der Geschichte des unverwundbaren Königs Orendel. Um so interessanter ist nach H. v. Sybel, daß eine Mischung beider Legenden trotz aller gelehrten Verehrung der heiligen Helena und trotz Sylvester, bis auf den heutigen Tag Bonn gegenüber auf dem rechten Rheinufer volksthümlich überliefert wird. In Trier herrschte einst, lautet die Erzählung, ein wilder und grausamer König, der die geringsten Vergehen sogleich mit Qualen und Hinrichtung bestrafte. Einmal war ein Soldat bei ihm bezichtigt wegen einer unbedeutenden Sache; in seiner Todesangst klagte er überall sein Leid, und ein Jude gab ihm den wunderthätigen Rock, der werde ihn beschützen. Er stellte sich dem Könige und wurde zu allgemeinem Erstaunen freigesprochen. Einem Zweiten, im gleichen Falle, dem er den Rock anvertraute, erging es nicht anders. Ein Dritter, der bald nachher ein wirklich todeswürdiges Verbrechen beging, wußte ihn ebenfalls zu bewegen, ihm den Rock zu leihen, und selbst hier bewährte sich die Kraft des Rockes zum dritten Male. Nun aber war der König selbst erstaunt, daß er gegen seinen Willen kein Todesurtheil mehr zu sprechen vermochte, und drang in den Soldaten, wodurch er solch eine Sache habe bewirken können. Dadurch kam das wunderbare Vermögen des Rockes an das Licht, man erkannte ihn als das ungenähte Gewand des Heilandes und fortan wurde er zu Trier in höchster Verehrung gehalten.

In Bonn und der Gegend von Aachen hat man eine dritte Version hören können. Ein Jude besaß den Rock, ohne ihn zu kennen. Ein Christenmädchen, welches im Hause diente, sah denselben, und faßte, ganz wie König Crendel im Gedichte, eine ihr selbst unbegreifliche Sehnsucht, ihn zu besitzen. Sie bot dem Juden dafür den Lohn eines ganzen Jahres, worauf dieser ihr gern die Tunica überließ, mit der sie nach Trier ging. Kaum war sie in das Thor der Stadt eingetreten, so begannen alle Glocken von selbst zusammen zu schlagen; Niemand begriff die Ursache, der Bischof stellte sogleich eine Untersuchung an und fand, daß dies der Heilige ungenähte Rock sei, der seitdem in der Domkirche als der größte Schatz der Gläubigen bewahrt worden ist.

Die Volkssage wurde von der Kirche in ihren Dienst gestellt. Es entsprach durchaus dem Volkswillen, daß die Bischöfe fromme Menschen zu Heiligen machten, und daß Reliquien gezeigt wurden, die von der Menge verehrt werden konnten. Die Sage vom Heiligen Rock empfing den priesterlichen Segen, und weil der Besitz des Gewandes für unerläßlich erachtet wurde, so fand das Gewand sich ein. Wie, wann, woher — das sind Fragen, die Keiner zu beantworten weiß. Die Zeit der

Reliquien-Entstehung war bewußt kritiklos; sie bedurfte der Reliquien, und darum hatte sie solche je nach Bedarf in Hülle und Fülle, sogar, wie wir gesehen, mehrere Köpfe Johannis des Täufers, mehrere Leiber ein und desselben Heiligen, und so viele Windeln, Sandalen und andere auf den Heiland bezügliche Gegenstände, daß, wenn sie alle echt sein sollten, das Haus der Maria nicht ausgereicht hätte, um sie zu bergen, zumal auch der Besitz der Gottesmutter durch das leidenschaftliche Verlangen, von ihr Gewänder, Kämme und andere Dinge verehren zu können, verhundertfacht wurde.

Diese Lust des Mittelalters an Reliquien ist kulturgeschichtlich interessant; in ihr finden wir die einfache Erklärung auch für die Aufbewahrung eines Gewandstückes, das Christi Rock geheißen wird.

Das Urchristenthum bedurfte solcher Dinge nicht. Es ist rührend, wie Johannes die Scene der Kreuzigung beschreibt. Der Erlöser sagt zu seiner Mutter: „Frau, siehe, Deinen Sohn! Dann sagte er zu dem Jünger, den er liebte: siehe Deine Mutter! Von dieser Stunde an nahm sie der Jünger zu sich."

Sollten sie, außer an ihn, noch an Anderes denken? Etwa an irdischen Tand? Wußten sie doch, er würde wiederkommen, und die Wiederkehr Christi richtete das Herz des Urchristenthums so ausschließlich auf ihn selbst, daß für Aeußerlichkeiten kein Raum blieb. Das Urchristenthum ist die klassische Periode der neuen Lehre.

So ging, was als vergänglich an dem Erlöser haftete, verloren, und nur die Volkssage brachte allen irdischen Kleinkram wieder zum Vorschein, den die Kirche nachträglich heiligte.

Zu einer Heiligen erhob sie auch die Mutter Constantins, und sie brachte Helena in die engste Beziehung zur Stadt Trier. Dort soll die Kaiserin geboren sein. Dies ist historisch falsch. Dort soll sie gewohnt und Gebäude errichtet haben. Dafür giebt es kein geschichtliches Zeugniß. Die Domkirche soll ursprünglich Palast Helenas gewesen sein. Das ist durch keine verläßliche Aussage zu rechtfertigen. Die angebliche Anhänglichkeit der Helena an Trier ist, nach Sybel und Gildemeister, ersonnen; kein Zeugniß dafür, kein Motiv dazu läßt sich ausfindig machen. Helena soll der Domkirche Reliquien-Schenkungen gemacht haben. Diese Schenkungen an die Domkirche sind unmöglich, denn durch den Kirchenvater Athanasius, der von 336 bis 338 nach Trier verbannt war, wissen wir, daß damals während seines Aufenthalts dort noch keine Kirchen waren.

Nur die Volkssage mit ihren freien Erdichtungen hat ein Recht auf Beachtung. Mit Vielem, was sie auf dem Herzen hat, belastet sie die fromme Helena, die sich 326, 65 Jahre alt, im Jordan taufen läßt, und die Kirche spricht dazu, vom Volkswillen gedrängt, ihr Amen.

Es muß als bemerkenswerth und wichtig hervor=

gehoben werden; daß die heutigen Vertheidiger des Heiligen Rockes, die im Auftrage des Dr. Korum das Wort nehmen, der Geschichte gegenüber zögernd und schüchtern auftreten. Der Sekretär des gegenwärtigen Bischofs, Dr. C. Willems, läßt ganz dahingestellt, ob die Heilige Helena in Trier geboren ist. Er bleibt nur bemüht, als Möglichkeit festzuhalten, was von den besten unserer Geschichtsforscher bestritten wird. Er nimmt auch zu der Sylvester-Urkunde eine zögernde Haltung ein. Ja, er giebt zu, namentlich seit der letzten Rock-Ausstellung 1844 sei erwiesen, daß das Diplom Sylvesters „in verschiedenen längeren oder kürzeren Fassungen erscheint." Daß diese „verschiedenen Fassungen" bedenklich sind, giebt er nicht zu, es kommt dem literarischen Vertrauensmann des Bischofs Korum nur darauf an, die kirchliche Tradition über das Heilige Gewand zu retten, wie dies auch Seitens des Bischofs geschieht, der kurzweg sagt: „Das ganze katholische Deutschland soll sehen, wie die Stadt Trier ihre Reliquie ehrt." Nach Willems ist das Sylvester-Diplom „zwar untergegangen, aber sein Inhalt ist geblieben." So setzt man sich in Trier mit der Geschichte auseinander, indem man sie der kirchlichen Ueberlieferung einfach unterordnet.

Es darf nicht unerwähnt bleiben, daß neben dem Heiligen Rock von Trier noch zwanzig andere Heilige Röcke Christi gezeigt werden, entweder ganze Gewänder oder Theile von ihnen. Zur Rettung der Trierer Tunika wird gesagt, es könne neben ihr keine andere Anspruch auf Echtheit haben, weil jedes Gewand von vornherein für unecht erklärt werden müsse, das sich habe theilen lassen. Gerade in der Ungetheiltheit des Gewandes liege der Werth und die hohe Bedeutung desselben, denn der ungenähte, zur Verlosung gelangte Rock, sei das Sinnbild der einen ungetheilten Kirche Christi.

Auf die Röcke in Galatien, in Jerusalem, in Argenteuil und in Rom näher einzugehen, verlohnt sich nicht. Es mag nur kurz erwähnt werden, daß sonst noch Anspruch auf den Besitz einer unzweifelhaft echten Tunika erheben die Städte Bremen und Loccum, Santiago, London, Mainz, Gent, Köln, Konstantinopel, Moskau und Mantua. Trier besitzt ja außer dem ungenähten Heiligen Rock, der zur Ausstellung gelangt, noch einen zweiten, der nach kirchlichem Erkenntniß vom 16. August 1631 ebenfalls für echt erklärt worden ist. Ueberraschen muß es, daß dieser zweite Rock für die bevorstehende Ausstellung gar nicht in Betracht gezogen wird.

Bischof Dr. Korum sagte 1887 vor der Trierer Katholiken-Versammlung: „Es waren stets Weltereignisse, welche die Ausstellung des Heiligen Rockes anregten." Es kann mit ebenso viel Recht gesagt werden: Die Papstkirche nahm gerade so oft eine Rock-Ausstellung vor, als es ihr darauf ankam, ihre Macht über die Gemüther zu erproben. Die Schaustellung von 1521 ist aus dem Aufkommen der Reformation zu erklären, die dem Papstthum gefährlich zu werden drohte. 1810 hatte die Aufklärung bedenklichen Umfang gewonnen und die römische Kirche wollte zeigen, daß sie ihr Trotz zu bieten vermag. Diese Schaustellung hatte den erhofften Erfolg nicht, einen um so größeren aber die von 1844. Kurz zuvor hatte Friedrich Wilhelm IV. dem Kölner Dombaufest besonderen Glanz verliehen und es war mit ihm ein Fürst auf den Thron gekommen, dem Vorliebe für den Katholicismus nachgesagt wurde. Jedenfalls ließ er den Herren in Trier freien Spielraum, und so gewann die 1844er Ausstellung eine ganz ungewöhnliche Ausdehnung. „Sind wir noch eine Macht?" Hunderttausende bejahten es.

Die Ausstellung von 1844 war recht eigentlich die Nachfeier des Kirchenstreits zwischen der römischen Kurie und der preußischen Staatsregierung, und als unübersehbare Pilgermassen nach Trier zogen, um vor dem Herrgottsrocke anzubeten, wurde der Jubel über diese „Gottesfahrt", wie J. v. Görres sie feierte, plötzlich gestört durch ein Schreiben aus Laurahütte gegen das „Götzenfest" zu Trier an Bischof Arnoldi, den „Tetzel des neunzehnten Jahrhunderts". Der frische kecke Ton und die Unterzeichnung durch einen katholischen Priester machte dieses, zuerst in den „Sächsischen Vaterlandsblättern" vom 16. October 1844 erschienene Schreiben zu einem Panier für Freund und Feind. Als Verfasser wurde der einunddreißigjährige Johannes Ronge, ein wegen Ungehorsams bereits suspendirter Kaplan, durch den Fürstbischof von Breslau sofort excommunicirt. Der „Offene Brief" an den Bischof Arnoldi war nicht ohne Deklamation, aber mit dem Pathos entschiedenster Ueberzeugung. „Als Bischof müssen Sie das wissen" — diese Wendung kehrte in dem Aufruf mehrmals wieder und war von gewaltiger Wirkung auf die Massen.

In dem preußisch-polnischen Städtchen Schneidemühl hatte der Vikar Johannes Czerski, der mit Ronge gleichaltrig war, am 22. August 1844 seinen Austritt aus der „römischen Hofkirche" angezeigt und, ohne sein katholisches Priesterthum aufgeben zu wollen, mit einigen Gemeindegliedern eine christliche apostolisch-katholische Gemeinde gegründet. Nach diesem Vorgange sammelten sich um Ronge in Breslau viele mit ihrer Kirche zerfallene Katholiken, welche als christ-katholische Gemeinde am 9. März 1845 ihren ersten Gottesdienst hielten. In Zustimmungs-Adressen an Ronge vereinigten sich Gleichgesinnte. Alle im Hinblick auf die Schaustellung des Heiland-Gewandes in Trier, in etwa zwanzig norddeutschen Städten zu deutsch-katholischen Gemeinden. Fort von Rom, freier Schriftgebrauch und Kirchengewalt für die Gemeinde — das war das rationalistische Programm der im Nu entstandenen kirchlichen Vereinigungen, die zu Ronge hielten, während Czerski an römischkatholischen Satzungen festhielt. Zu Ostern 1845 sollte ein Konzilium in Leipzig die Gegensätze der beiden Richtungen ausgleichen, und während die Vorbereitungen hierzu im Gange waren, sahen wir die beiden Priester auf Triumphzügen durch das nördliche Deutschland. Unvergeßlich geblieben ist dem Schreiber dieser Zeilen der feierliche Empfang der Ronge und Czerski auf den Francke'schen Stiftungen in Halle durch den Direktor Agathon Niemeyer. Er führte die zwei „Reformatoren" durch die Wohn- und Schlafräume der Waisen-Anstalt, er besuchte mit ihnen die Klassenzimmer der Lateinischen Schule, er zeigte ihnen den Bet- und Speisesaal, kurz sie wurden so aufgenommen, wie der Oberpräsident oder der Generalsuperintendent von Magdeburg empfangen wurde, wenn die Anstalt zu inspiciren war. Niemeyer entließ seinen Hauslehrer Demuth zur Uebernahme eines deutsch-katholischen Pfarramts, und was den Ronge und Czerski in Halle, das widerfuhr ihnen an äußeren Ehren allerwärts.

Hier ist nicht der Ort, das weitere Schicksal der deutsch-katholischen Bewegung zu erzählen. Die beiden Priester waren geistig nicht bedeutend, wissenschaftlich nicht erprobt, und so nahm die Bewegung durch den Mangel an religiöser Energie einen ihr gefahrvollen Stillstand. Ronge und Czersky haben in den Kirchengeschichten protestantischer Gelehrten keinen Ehrenplatz erhalten, und doch war anzugeben gewesen, daß der Heilige Rock zu Trier dem Papstthum 600,000 Seelen entfremdet hatte, nahezu die Hälfte der Zahl gläubiger Verehrer des ungenähten Gewandes, das als Symbol der Einheit und Unzerreißbarkeit der römischen Kirche gefeiert werden sollte.

Die Ausstellung von 1891 vollzieht sich, nachdem aus dem hinter uns liegenden Kulturkampf der Ultramontanismus unter Führung des Dr. Korum siegreich hervorgegangen ist. Jetzt handelt es sich um eine Kraft- und Machtprobe, die alle früheren weit überholen soll. Die jesuitische Wissenschaft schwört ja durchaus nicht auf die Echtheit des Heiligen ungenähten Rockes, aber die Kirche hält kraft der Tradition an ihr fest, und so wird die Tunika das Reizmittel zur Zusammenschaarung unübersehbarer Massen gläubiger Gemüther. Die Papstkirche hat das Bedürfniß, aller Welt zu zeigen, welche Gewalt sie über ihre Glieder ausübt, und klar soll werden, daß diese Gewalt ein politischer Faktor ist, mit dem Kaiser und Könige zu rechnen haben.

Alles in Allem: Die geplante Schaustellung des Heiligen Rockes wird ein Ereigniß, dessen Bedeutung und Tragweite Allen zu denken giebt.

Druck von R. Boll, Berlin NW., Mittel-Straße 29.